AF475932

MANUEL

DES

DANSES

DE SOCIÉTÉ

(Cet Ouvrage ne se vend à Lyon que chez l'Auteur, rue Lanterne, 15, au 1er.)

MANUEL

DES

DANSES

DE SOCIÉTÉ

PAR

ALEXANDRE, Professeur

RUE LANTERNE, 15, LYON

LYON

IMPRIMERIE JEVAIN ET BOURGEON

RUE MERCIÈRE, 92

1869

En publiant ce petit livre je ne prétends pas offrir un ouvrage parfait. Être utile, voilà mon but. Heureux si je l'atteins.

ALEXANDRE,

Professeur de Danse, rue Lanterne, 15, Lyon.

TABLE

QUADRILLE FRANÇAIS

Ce quadrille se danse par deux couples.

Si douze ou vingt personnes dansent dans le même salon, elles se placent ordinairement en carré.

Les cavaliers placés près de la cheminée ou de l'orchestre sont conducteurs, ceux en face dansent ensuite, puis ceux de droite et enfin ceux de gauche.

La danseuse se place, dans tous les quadrilles, à droite du cavalier.

1re Figure. — PANTALON.

Chaîne anglaise. Elle se fait par quatre danseurs.

Mains droites en mains gauches.

Aller à la place du partner en obliquant un

peu à gauche, les dames passant au centre : celle d'un couple entre le cavalier vis-à-vis et sa dame, qui passe elle-même entre les deux autres danseurs. Se séparer avant d'arriver au milieu du quadrille. Prendre de la main droite celle de la danseuse vis-à-vis que l'on quitte un instant après, pour faire un tour de mains gauches : chaque cavalier avec sa dame, de manière à être à la place les uns des autres. (Voilà une demi-chaîne anglaise.)

Refaire la figure pour compléter la chaîne et aller à sa place (8 mesures).

Salut (8 m.).

Chaîne des dames : Les dames se donnant la main droite traversent à gauche l'une de l'autre, puis vont faire, mains gauches en mains gauches, un tour entier à gauche avec le cavalier vis-à-vis. Les dames se donnant de nouveau les mains droites vont faire un autre tour de mains gauches avec leur cavalier (8 m.).

Promenade : Les cavaliers et leurs dames font un tour entier de droite à gauche en se donnant la main ; c'est-à-dire que les couples vont à la place l'un de l'autre, et reviennent, sans s'arrêter, prendre leurs places en passant toujours à droite (8 m.).

On peut remplacer ce dernier passage par une demi-promenade et une demi-chaîne anglaise — ou par une chaîne anglaise — ou par un galop : on passe (tenant la danseuse avec le bras droit) à la place du vis-à-vis, en décrivant un cercle ovale de droite à gauche et en glissant le pied gauche (cavalier) qui est chassé par le droit.

On fait encore le galop en décrivant différents petits cercles. (Voir VALSE-GALOP.)

Cette figure est répétée par la contre-partie. Elle se fait deux fois.

2me Figure. — ÉTÉ.

Un cavalier et la dame vis-à-vis s'avancent jusqu'au milieu du quadrille et reculent deux fois, puis s'avancent et traversent en obliquant à gauche. Sans s'arrêter, ils s'avancent et reculent une fois et traversent pour reprendre leurs places (20 m.).

Salut (4 m.).

Cette figure se fait quatre fois. Elle est répétée par le cavalier en face et la dame du premier danseur, puis par la contre-partie.

3me Figure. — POULE.

Les deux danseurs qui ont commencé la seconde figure traversent en passant à gauche, font un demi-tour sur eux-mêmes, reviennent du même côté, c'est-à-dire à droite, et, arrivés au milieu du quadrille, ils s'arrêtent et se donnent la main gauche. Le cavalier et la dame restés seuls s'avancent et donnent la main droite : la danseuse à son cavalier et le cavalier à sa dame (8 m.). Dans cette position, balancer : 4 temps à droite des cavaliers et 4 temps à gauche. Puis les deux couples changent de place en passant à droite (8 m.). Le cavalier et la dame qui ont commencé la figure s'avancent et reculent deux fois (8 m.). Les cavaliers prennent ensuite de la main droite la main gauche de leur dame, ils font un avant-quatre reculent, et vont à leur place par une demi-chaîne anglaise (8 m.).

Cette figure se fait également quatre fois.

4me Figure. — PASTOURELLE.

(Un couple.) Le cavalier prend de la main droite la main gauche de sa danseuse, puis ils s'avancent et reculent, vont en avant de nouveau et la dame se place à gauche du cavalier vis-à-vis, son danseur revient seul à sa place (8 m.).

Avant-trois et en-arrière deux fois (8 m.).

Le cavalier resté seul s'avance, recule, s'avance de nouveau pour faire un rond avec les trois autres danseurs qui sont restés à leur place (8 m.). Faire un demi-tour et une demi-chaîne anglaise pour reprendre sa place (8 m.).

Au lieu du cavalier seul, on peut faire un avant-trois :

Après avoir conduit sa dame au vis-à-vis, celui-ci s'avance avec les danseuses, recule et s'avance de nouveau pour les conduire au cavalier resté à sa place. C'est là, qu'au lieu de s'avancer seul, on fait un avant-trois semblable au précédent.

Cette quatrième figure se fait également quatre fois.

5me Figure. — FINALE.

Les quatre danseurs se tiennent comme pour exécuter une polka (voir DANSES DE CARACTÈRE).

Les deux couples vis-à-vis font un galop en passant à droite l'un de l'autre (8 m.). Sans cesser le galop ils avancent et reculent, vont en avant une seconde fois et les cavaliers changent de dame et de place (8 m.). Chaîne des dames (voir 1re figure) (8 m.). Recommencer l'avant-quatre, c'est-à-dire s'avancer jusqu'au milieu et reculer, puis changer de dame et de place (8 m.) (*).

Les mêmes danseurs font deux fois la figure sans s'arrêter, et c'est à la contre-partie de faire la même chose.

Après avoir dansé cette figure quatre fois tous les danseurs font un dernier galop.

(*) On remplace à volonté les avant-quatre par quatre mesures de galop tourné sur place.

Dans des salons on remplace la *Finale* par deux avant-quatre et l'*Été*.

Dans d'autres on ne fait que la seconde figure. Mais alors on laisse passer en repos les huit mesures des deux avant-quatre ou du galop.

Pour remplacer le cinquième galop on fait quelquefois, aussitôt après la fin de la contre-partie, fût-on dix ou vingt couples, un rond général, en se tenant tous par la main. A toutes les quatre mesures on fait alternativement un galop à gauche, puis un galop sur place et en tournant : le cavalier avec la dame de gauche qu'il place à sa droite à la fin de ces quatre dernières mesures. Puis on recommence le rond et l'on tourne encore sur place avec une nouvelle dame à gauche. Ainsi de suite jusqu'à ce que le cavalier ait rencontré sa danseuse avec laquelle il tourne pour finir.

QUADRILLE CROISÉ FRANÇAIS

Quatre couples placés en carré.

1re Figure. — PANTALON.

Les deux premiers couples commencent la chaîne anglaise deux mesures avant la contre-partie. Il en est ainsi pour la chaîne des dames et le galop.

On peut remplacer cette dernière chaîne par un moulinet (voir 3me fig., QUADRILLE DES LANCIERS, page 26). Et le galop, ou la promenade, se fait par tous les couples qui se suivent en décrivant un cercle.

2me Figure. — ÉTÉ.

Le premier cavalier et la dame vis-à-vis commencent la figure, et deux mesures après, le cavalier de droite, avec la dame du quatrième couple, la commencent à leur tour; c'est-à-dire qu'ils s'avancent quand les premiers reculent.

Même figure pour le deuxième et le quatrième cavaliers.

3me Figure. — POULE.

Le premier cavalier et la dame en face partent toujours deux mesures ayant la contre-partie. Lorsqu'ils reviennent se placer pour balancer, ils se mettent assez éloignés l'un de l'autre pour permettre aux deux autres danseurs de passer entre eux. Ceux-ci se donnent la main en se plaçant au milieu du quadrille, et aussitôt après, les premiers danseurs se la donnent également.

Balancer et faire le moulinet pour changer de place.

En exécutant ce moulinet les danseurs qui se trouvent aux extrémités font un demi-tour sur eux-mêmes pour ne pas reculer.

Le premier cavalier et la dame vis-à-vis s'avancent; puis reculent pendant que la contre-partie commence l'avant-deux ; et lorsque les danseurs se sont avancés et reculés ainsi deux fois, ils font l'avant-quatre en observant le même ordre, puis une demi-chaîne anglaise pour reprendre leurs places.

Le cavalier nº 2 et la dame vis-à-vis recommencent la figure lorsque les deux derniers couples se trouvent encore au milieu du quadrille.

4me Figure. — PASTOURELLE.

Le second couple ne part de sa place que quand le couple conducteur recule, après s'être avancé pendant deux mesures ; et lorsque les cavaliers s'avancent pour conduire leurs danseuses aux partners, ils leur quittent les mains et reculent après avoir fait quatre temps, afin d'être à leurs places au moment où les dames arrivent en face.

Les avant-trois et les cavaliers seuls se font de la même manière. Quant au rond, celui où se trouve le deuxième cavalier se commence lorsque les musiciens sont à la troisième mesure de la phrase.

Le premier rond se faisant juste à la première mesure, on rentre à sa place sans obstacle, en exécutant une demi-chaîne anglaise.

On fait cette figure différemment :

Le couple conducteur traverse, le second passe derrière lui en traversant également, puis le premier recule. Ainsi de suite.....

Aux avant-trois il faut courir pour éviter les danseurs qui reculent.

Cette figure a plus d'un inconvénient : Les robes se déchirent, les cavaliers prennent le torticolis ; et quand le grand rond est fini, les danseurs ne retrouvent plus leurs places.

Cependant, on danse généralement cette figure ; figure d'émotions.

5me Figure. — FINALE.

Galop par tous les couples en se croisant et en observant toujours les deux mesures que les premiers danseurs doivent avoir en avance sur la contre-partie.

QUADRILLE DU PRINCE IMPÉRIAL

Ce quadrille se fait par quatre couples placés en carré.

Le cavalier près de la cheminée prend le n° 1 ; celui qui est en face a le n° 2 ; celui de droite, 3, et celui de gauche, 4.

La première figure se commence par quatre danseurs ; la seconde par deux, ainsi que la troisième ; la quatrième par quatre et la cinquième par tous les danseurs, mais elle est continuée par deux personnes seulement.

1re Figure. — LA CHAINE CONTINUE DES DAMES.

Les couples nos 1 et 2 vont saluer : le premier, le couple n° 3, et le deuxième le couple n° 4. Les cavaliers prennent de la main gauche la main droite de la dame vis-à-vis, puis vont à la place l'un de l'autre en reculant, et les dames, en avançant (8 m.). Chaîne des dames : Les deux dames placées à droite des deux cavaliers-conducteurs décrivent une circonférence de droite à gauche au centre du quadrille, et les dames placées à gauche des mêmes danseurs décrivent le cercle de gauche à droite. Elles avancent toutes les quatre et traversent en obliquant un peu à gauche en donnant la main droite à la dame qui est en face. Elles croisent en présentant la main gauche à la seconde dame qui s'avance en sens contraire à elles. Puis elles continuent la chaîne en présentant de nouveau la main droite à la dame qu'elles ont rencontrée la première, et la main gauche à la seconde danseuse. Elles finissent chacune en face de leur cavalier (8 m.).

Les huit danseurs croisent à droite et à gauche et font un tour de mains droites (8 m.).

Les mêmes danseurs recommencent la même figure pour finir à leurs places (24 m.).

Bis pour la contre-partie.

2me Figure. — LA NOUVELLE TRÉNIS.

Le cavalier-conducteur et la dame vis-à-vis s'avancent et font un tour de mains droites au centre du quadrille; puis vont à la place nº 1, en s'avançant et en s'éloignant l'un de l'autre de manière que la dame restée seule puisse passer au milieu d'eux pour aller faire un tour de mains gauches avec le danseur vis-à-vis, pendant qu'eux-mêmes en font un en face (8 m.). En avant-quatre et en-arrière, et demi-chaîne des dames (voir la chaîne du QUADRILLE FRANÇAIS) (8 m.). Chassé-croisé huit et tour de mains droites : Les quatre cavaliers vont faire un tour de mains droites, en passant derrière leurs dames, avec la danseuse de droite qui vient à la rencontre du danseur en obliquant, par conséquent, à gauche. Après ce tour de mains on revient à sa place faire un tour de mains gauches, chaque danseur avec sa dame (8 m.).

Pour faire ce chassé-croisé huit, chaque personne décrit un 8.

Le cavalier n° 2 et la dame du premier groupe recommencent la figure. Ainsi de suite pour les autres danseurs.

3me Figure. — LA CORBEILLE.

Le premier cavalier conduit sa danseuse au milieu du quadrille, la salue et revient à sa place (4 m.). Le couple n° 2 fait la même figure (4 m.), puis le n° 3, et enfin le n° 4 (8 m.). Les quatre dames faisant face à leurs cavaliers se donnent les mains et font un tour, de gauche à droite pour finir à leur point de départ (4 m.). Après le tour terminé, les cavaliers s'avancent et agrandissent le rond en se plaçant à gauche de leurs dames et en faisant face au côté contraire (4 m.). Balancé sur place à droite et à gauche des cavaliers, et tour de mains droites pour rentrer en place (8 m.).

Même figure pour les autres danseurs.

4me Figure. — LA DOUBLE PASTOURELLE.

Les couples 1 et 2 s'avancent et re-

reculent, puis le premier cavalier conduit sa dame à gauche du troisième couple; la danseuse conduit son cavalier à la droite du quatrième, et reculent tous deux à leur place (8 m.). Les groupes de trois font deux avant-six (8 m.). La dame et le cavalier restés seuls s'avancent, reculent, s'avancent une seconde fois et se saluent (8 m.). Puis chacun d'eux fait un rond avec les danseurs de droite et l'on termine la figure par une demi-chaîne anglaise (8 m.).

Les deux mêmes couples recommencent la figure, mais cette fois, le danseur qui a conduit sa dame à droite est conduit à son tour par sa danseuse, ainsi que la dame conductrice de la première partie.

Même figure pour les autres couples.

5me Figure. — LE TOURBILLON.

Tourbillon : Les quatre dames vont faire en même temps un tour de mains droites avec le cavalier de droite et continuent ainsi jusqu'à leur danseur, avec qui elles tournent pour la quatrième fois (16 m.).

Le premier cavalier et la dame vis-à-vis s'avancent et reculent, s'avancent de nouveau et font un tour de mains droites au milieu du quadrille, en s'avançant un peu, pour être près et en face : la dame de son cavalier et le cavalier de sa dame (8 m.). Les deux couples croisent à droite et à gauche puis font un tour de mains droites pour reprendre leurs places.

On recommence le tourbillon, puis le deuxième danseur et la dame vis-à-vis continuent la figure, etc.

On commence et l'on finit la figure par le tourbillon.

QUADRILLE DES LANCIERS

A quatre couples.

Comme dans le quadrille du Prince Impérial, le cavalier qui commence prend le n° 1, son vis-à-vis le n° 2, celui de droite n° 3, et celui de gauche n° 4.

Le n° 1 commence toutes les figures.

1re FIGURE. — LES TIROIRS.

Le premier cavalier et la dame vis-à-vis s'avancent jusqu'au milieu du quadrille, reculent, s'avancent une seconde fois en obliquant chacun à gauche, font un tour de mains droites et vont à leurs places en avançant (8 mesures). Les deux couples traversent à la place l'un de l'autre : le premier, se tenant par la main, passe au centre et le vis-à-vis en dehors. Pour reprendre leurs places, le premier groupe s'ouvre et le second passe au milieu. Chaque danseur rentre à sa place en passant du même côté : c'est-à-dire que les cavaliers s'étant avancés, placés à gauche de leurs danseuses, reviennent à droite, le danseur n° 2 tenant de la main gauche la droite de sa dame (8 m.). Salut par tous les couples : Le cavalier salue la dame qui est à sa gauche (2 m.), fait avec elle un tour de mains droites (4 m.) qu'il termine faisant face à sa danseuse et la salue (2 m.).

A tous les saluts les dames répondent par des révérences.

Le cavalier n° 2 et la dame du premier danseur recommencent la figure. Même figure pour les autres danseurs.

2me Figure. — LES LIGNES.

Le couple n° 1 s'avance et recule. Le cavalier s'avance de nouveau mais d'un pas seulement, et fait décrire un demi-cercle à sa danseuse qui se place en face de lui au milieu du quadrille, puis il recule à sa place (8 m.). Tous les deux croisent à droite et à gauche. Le cavalier conduit sa dame à côté de celui de droite et se place devant elle à côté de la dame du quatrième groupe. Le cavalier n° 2, en même temps que son partner conduit sa danseuse, conduit également la sienne à gauche du danseur qui est à sa droite et va, en reculant, comme a fait le cavalier n° 1, se placer en face, près de la dame du troisième groupe (8 m.). Les danseurs et danseuses, se donnant la main, avancent, reculent et font un tour de mains droites : en s'avançant, ceux qui sont aux extrémités des lignes pour finir à leur place; et sur place, ceux qui sont déjà à la leur (8 m.).

Le couple 2 recommence la figure ainsi que les couples 3 et 4.

3me Figure. — MOULINET.

Le cavalier et la dame vis-à-vis s'avancent, reculent, s'avancent une deuxième fois et se saluent, puis le cavalier recule seul à sa place (8 m.). Les quatre dames s'avancent en obliquant un peu à gauche, se donnent la main droite : la dame du premier groupe à celle qui est en face et la dame du troisième groupe à celle du quatrième, puis tournent jusqu'aux cavaliers vis-à-vis, avec qui elles font un tour de mains gauches. Les dames se redonnant la main droite, font un second demi-tour et exécutent un tour de mains gauches avec leurs cavaliers (8 m.).

Le cavalier n° 2 et la dame n° 1 recommencent et ainsi de suite.

4me Figure. — LES VISITES.

Le couple n° 1 va saluer celui de droite qui rend le salut ; il va ensuite devant le couple n° 4 et tous les deux se saluent également (8 m.). Chassé-croisé : Les dames à gauche et les cavaliers à droite passant derrière leurs danseuses. Continuer le chassé-croisé, les cavaliers à gauche passant toujours derrière leurs dames, et celles-ci à droite pour finir où l'on a commencé. Le couple n° 1 se rend à sa place en tournant à gauche, le cavalier tenant de la main droite la main gauche de sa danseuse (8 m.). Puis chaîne anglaise avec le couple n° 2 (8 m.). Pour la chaîne anglaise voir la première figure du QUADRILLE FRANÇAIS, page 9.

Dans bien des salons les couples n°s 1 et 2 commencent cette figure en même temps, et lorsqu'ils ont fini, les couples 3 et 4 la recommencent. La figure devant être faite quatre fois, comme les précédentes, les deux premiers couples vont une seconde fois en avant, mais en saluant d'abord à gauche. Puis les autres danseurs finissent la figure.

5me Figure. — LES LANCIERS.

Chaîne plate : Tous les danseurs font le tour du quadrille en exécutant un rond : les cavaliers allant de droite à gauche et les dames de gauche à droite en polkant. Le cavalier et sa danseuse se croisent donc en commençant cette chaîne. Tous ont mains gauches en mains gauches et partent du pied droit pour la première mesure. Les cavaliers passent en dehors du cercle et les dames en dedans. Pour la seconde mesure, le cavalier prend de la main droite celle de la danseuse qui vient en sens contraire à lui, et, le pas de polka, commencé du pied gauche, faisant naturellement obliquer à gauche, les danseurs se trouvent passer au centre à leur tour, et les dames en dehors. Mains gauches en mains gauches quand on rencontre une troisième personne, les dames passant au centre ; et mains droites en mains droites avec la quatrième. Le cavalier et la dame du premier groupe se trouvent en face l'un de l'autre à la place du deuxième couple qui est à la leur. Les autres danseurs ont égalcment changé de place. Salut général (8 m.). Continuer la chaîne jusqu'à sa place et saluer de nouveau (8 m.).

On fait très-souvent la chaîne plate en marchant au lieu de polker.

Le couple n° 1 s'avance en obliquant un peu à droite, décrit un cercle au milieu du quadrille, et reprend sa place, ayant le dos tourné au couple n° 2 (4 m.). Le couple n° 3 se place derrière le n° 1, faisant face du même côté (2 m.). Le couple 4 se met derrière le n° 3, faisant encore face du même côté (2 m.); et le couple 2 est naturellement placé. Les quatre cavaliers se trouvent les uns derrière les autres, à gauche des dames qui se trouvent également sur une même ligne, la première danseuse tournant le dos à la seconde, celle-ci à la troisième, etc....

Chassé-croisé : Les cavaliers à droite commençant du pied droit et les dames à gauche passant devant leur danseur (2 m.). Balancé sur place, les dames commençant du pied droit qui est levé (2 m.). Chassé-croisé à gauche pour les cavaliers et à droite pour les danseuses (2 m.). Balancé sur place en commençant du pied contraire au premier balancé (2 m.).

Promenade : Les cavaliers se suivent en tournant à gauche, les dames se suivent également en tournant à droite. Le cavalier conducteur décrit un cercle pour se placer derrière le danseur n° 2 qui était à l'extrémité de la ligne, et les quatre cavaliers, pendant un moment, forment un rond. La danseuse conductrice, faisant le même mouvement du côté des dames, se trouve placée près de son cavalier qui lui prend la main gauche de la main droite. Il la conduit au bout de la ligne, à droite, puis recule, en passant à la place du n° 1, et en face de sa danseuse, sur la ligne du n° 3. Le cavalier qui suit, conduit sa dame à côté de la première et se place en face d'elle, à droite du premier danseur. Le cavalier suivant fait de la même manière; et, lorsque le dernier couple arrive à l'extrémité des deux lignes qui se forment, les quatre cavaliers d'un côté se donnent la main et les quatre dames en face se la donnent également (8 m.).

Tous les huit s'avancent, reculent et font un tour de mains gauches pour reprendre leurs places (8 m.).

La chaîne plate recommence, puis le couple n° 2 exécute ce qu'à fait le n° 1, ainsi que les nos 3 et 4.

Faire une cinquième fois la chaîne plate pour terminer le quadrille, ou danser une polka ordinaire, couple par couple, pendant 16 mesures.

Si l'on veut abréger la durée du quadrille, les quatre premières figures sont commencées par les deux couples vis-à-vis, en même temps. Dans ce cas, les figures ne sont faites que deux fois. La cinquième se fait toujours de la même manière et est dansée quatre fois.

QUADRILLE DES LANCIERS

A huit couples

Dans ce quadrille deux cavaliers commencent à la fois. Leur côté prend le n° 1 ; les deux couples en face forment le n° 2 ; ceux de droite le n° 3, et ceux de gauche le n° 4.

1re Figure. — LES TIROIRS.

Les deux cavaliers n° 1 et les dames vis-à-vis commencent, etc....

Cette figure est exactement semblable à celle du quadrille fait par quatre couples.

2me Figure. — LES LIGNES.

Les deux couples n° 1 s'avancent et reculent. Les cavaliers conduisent leurs danseuses en face d'eux au milieu du quadrille (8 m.). Tous les quatre croisent à droite et à gauche, puis, chaque danseur fait un tour de mains droites avec sa dame ; le couple qui est à gauche pour se placer en face du couple n° 4, le plus près de lui, et l'autre couple n° 1, pour se placer en face du couple n° 3, également le plus près. Les couples n° 2 font des tours de mains droites en même temps que les n° 1, et comme eux, se trouvent au milieu du quadrille tournés dos à dos. Tous les danseurs sont sur quatre lignes et se donnent la main. Dans cette position, la dame du couple n° 1 de gauche, donne la main droite au cavalier n° 2 qui lui faisait face ; et le cavalier du couple n° 1 de droite, prend de sa main gauche la main droite de la dame n° 2, qui lui faisait également face (8 m.). Les seize danseurs s'avancent, reculent et font un tour de mains droites pour finir à leurs places (8 m.).

Les couples n° 2 la recommencent, puis ceux n° 3, et enfin les couples n° 4.

3me Figure. — MOULINET.

Les cavaliers n° 1 et les dames vis-à-vis s'avancent, reculent, s'avancent et se saluent, puis les cavaliers reviennent à leurs places (8 m.). La dame du couple n° 1 de gauche, la dame du couple en face, et les deux dames du couple 4, font ensemble un moulinet : la dame n° 1 et la dame la plus éloignée des couples n° 4 se donnent la main droite, les deux autres se la donnent également en croisant leurs mains avec les premières, puis tournent jusqu'au cavalier de la dame qu'elles tiennent, et font, avec lui, un tour de mains gauches. Elles se redonnent les mains de la même manière et vont faire un tour de mains gauches avec leurs danseurs (8 m.). Les quatre autres danseuses font de leur côté un moulinet semblable au précédent et en même temps.

Lorsque les cavaliers n° 2 recommencent

la figure, les moulinets se font avec les mêmes personnes.

Il n'en est pas ainsi quand la figure est commencée par les n°s 3 ou 4, les moulinets se font : 1° par les dames des groupes n° 2 et les dames du groupe n° 3 et du groupe n° 4, placées près d'elles ; 2° et par les dames des groupes n° 1 et celles des groupes n°s 3 et 4, également placées près d'elles.

Il faut, en un mot, que les danseurs qui ont fait l'avant-deux ensemble soient du même moulinet.

On fait les moulinets toujours du même côté, si la disposition du salon ne permet pas qu'on les exécute facilement de l'autre.

4me Figure. — LES VISITES.

Le couple n° 1, placé à gauche, va saluer le couple n° 3, le plus éloigné, en même temps que l'autre couple n° 1 se place en face du couple n° 3, le plus près de lui, et le salue. Puis ils font un demi-tour sur eux-mêmes, les cavaliers pivotant, et vont ensemble saluer les couples n° 4 qui se trouvent en face (8 m.). Chassé-croisé (voir l'explication à la quatrième figure du quadrille précédent). Les deux couples n° 1, en se suivant, reviennent à leur place où ils arrivent en même temps (8 m.) et font une chaîne anglaise (voir le premier passage du QUADRILLE FRANÇAIS, page 9) avec les couples de face (8 m.).

Même figure quatre fois.

5me Figure. — LES LANCIERS.

En commençant la figure les seize danseurs font deux chaînes plates en même temps : une par les couples n° 4 et par le couple n° 1 et le couple n° 2, les plus près ; la seconde par les huit autres danseurs (16 m.). Les deux couples n° 1 font une promenade au milieu du quadrille et reviennent à leurs places respectives, ayant le dos tourné aux couples n° 2 (4 m.). Le plus près des couples n° 3 se place derrière un des couples n° 1 (2 m.) et l'autre couple n° 3 vient ensuite (2 m.).

Quant aux couples n° 4, ils se placent

derrière le couple n° 1, le plus près d'eux, de la même manière et en même temps.

On croise et on balance comme au quadrille fait par quatre couples ; seulement il faut avoir soin de ne pas faire de grands pas à cause du rapprochement des seize danseurs (8 m.).

Promenade : Les quatre couples de gauche placés les uns derrière les autres, font la promenade ensemble, et, en tournant à gauche, les cavaliers marchent de front avec les danseuses des couples voisins. Après avoir conduit leurs dames à droite ils se placent dos à dos avec les dames qu'ils avaient à leurs côtés en faisant la promenade (8 m.). Les seize danseurs sur quatre lignes s'avancent, reculent et font un tour de mains gauches pour reprendre leurs places (8 m.).

On refait les chaînes plates, puis les couples n° 2 conduisent la figure à leur tour, ainsi que les couples n°s 3 et 4.

La quatrième et la cinquième fois qu'on exécute les chaînes plates, elles sont faites, lorsque la grandeur du salon le permet : une par les deux couples n° 1 et les deux couples nos 3 et 4, les plus près ; et la deuxième par les autres danseurs.

Si l'on veut abréger la durée du quadrille, les couples no 1 et no 2 commencent en même temps les quatre premières figures qui sont répétées une fois par les huit autres danseurs. La cinquième figure se fait toujours de la même manière.

QUADRILLE-MAZURKA

Tous les danseurs sont placés en carré. Leur nombre au-dessus de quatre couples est indéfini. Cependant, il faut avoir le temps de franchir l'espace nécessaire dans un nombre limité de mesures.

Les pas dont on se sert sont : le pas de Basque et le Mazurka.

Pour faire le pas de Basque on se repose sur le pied gauche et l'on saute sur le droit en glissant en même temps le pied gauche en avant (1er et 2me temps). On saute une seconde fois sur le pied droit à la place du gauche qui reste levé (3me temps).

Faire de la même manière de l'autre pied.

En commençant le pas de Mazurka on se

repose sur le pied droit avec lequel on saute en pliant un peu, pendant que le pied gauche glisse de côté aussitôt après (1er et 2me temps). Sauter une seconde fois sur le pied droit, mais à la place du gauche qui reste levé (3me temps).

1re Figure.

Grand rond à gauche par tous les danseurs (8 mesures du pas de Basque) ; revenir sur ses pas en exécutant 8 mesures de Mazurka, et en ayant soin de finir à sa place. Puis, sans quitter les mains droite et gauche, on prend du bras gauche la taille de sa dame avec laquelle on fait un holubiec (8 m.). (*)

Ici les danseurs nos 3 et 4 s'arrêtent, et les premiers couples font, sans interruption,

---

(*) Le danseur ayant le bras gauche à la taille, tourne sur place avec sa danseuse, de droite à gauche, en faisant quatre mesures de Mazurka et en glissant du pied droit en avant ; puis il change de bras et de pied, en faisant un pas de Basque en tournant, et finit l'holubiec par des pas de mazurka en arrière, la danseuse en avant. L'holubiec se fait de la même manière pour la dame, en commençant du pied contraire au cavalier.

une chaîne anglaise (voir QUADRILLE FRANÇAIS, page 9) en dansant le pas de Basque (8 m.). Les cavaliers quittant les danseuses à leurs places vont, toujours par le pas de Basque, faire un demi-holubiec (*) avec la dame du partner (8 m.). Ils recommencent la chaîne anglaise avec cette même dame (8 m.) et vont faire un demi-holubiec avec leur danseuse (8 m.).

Les autres couples font la même figure aussitôt après (32 m.).

2me Figure.

Les deux danseurs d'un groupe se faisant face et se donnant : le cavalier main droite, la dame main gauche, font, en glissant de côté, quatre mesures de Mazurka pour aller au milieu du quadrille à la rencontre du couple vis-à-vis, qui fait la même figure en même temps. Tous reviennent au point de départ par le même pas en glissant le pied contraire (4 m.). Les groupes vont à la place l'un de

(*) Pour faire le demi-holubiec, on exécute les quatre premières mesures de l'holubiec.

l'autre par quatre mesures de pas de Basque, en décrivant un demi-rond à gauche, et font ensuite un demi-holubiec (4 m.).

On répète toute la figure pour reprendre sa place (16 m.).

3me Figure.

Cette figure est commencée par les dames nos 1 et 2 qui font, au centre du quadrille et en tournant de droite à gauche, une promenade qu'elles finissent, chacune du côté de sa place (8 m. du pas de Basque.).

Les cavaliers doivent se tenir prêts à prendre, du bras gauche, la taille de leur danseuse, à la fin de la promenade. Chaque danseur s'avance donc près de sa dame (en marchant), fait avec elle quatre mesures du pas de Basque en allant à la place du vis-à-vis, et là, ils dansent un demi-holubiec, sans changer de bras, le pied droit en avant pour le danseur, le pied gauche en arrière pour la dame (4 m.).

Les deux couples font un moulinet, mains droites en mains droites, et reviennent à la place l'un de l'autre par huit mesures du pas de Basque.

Les cavaliers, aussitôt après que leurs dames ont refait la promenade du commencement de la figure, les prennent du bras gauche à la ceinture, vont à leur place en dansant le pas de Basque et font ensemble un demi-holubiec (16 m.).

4me FIGURE.

Un couple s'avance, mains droites en mains gauches, jusqu'au milieu du quadrille et revient à sa place, le cavalier reculant (8 m. Basque).

Holubiec par les mêmes danseurs (8 m.)

Puis ils s'avancent en décrivant un cercle, près du couple vis-à-vis, et lui tournent le dos. En même temps que la danseuse du cavalier-conducteur passe devant la dame partner, celle-ci s'avance et donne sa main droite au danseur, qui la prend de la main gauche, et elle donne sa main gauche à la dame, de manière à entourer le cavalier de leurs bras (8 m. Basque).

Dans cette position, ils s'avancent tous les

trois, pendant quatre mesures ; le cavalier faisant le pas de Basque et les dames le Mazurka. Ils reculent en dansant encore quatre mesures des pas de Basque et de Mazurka ; puis les dames se quittant les mains qu'elles avaient derrière le danseur, se les croisent devant, et tous les trois font un rond (4 m. de Mazurka) après lequel le cavalier laisse la danseuse du partner à sa place et va à la sienne avec sa dame (4 mesures du pas de Basque), puis ils finissent la figure par un holubiec (8 m.).

Le groupe vis-à-vis fait le dernier holubiec en même temps.

Même figure pour chacun des quatre groupes.

5me Figure.

Demi-chaîne anglaise par les deux couples vis-à-vis en dansant le pas de Basque (4 m.).

Demi-holubiec (4 m.).

Une autre demi-chaîne anglaise pour reprendre sa place (4 m.).

Demi-holubiec (4 m.).

Faire le demi-rond de la seconde figure pour aller à la place des partners (4 m.).

Demi-holubiec (4 m.).

Autre demi-rond semblable (4 m.).

Demi-holubiec (4 m.).

Puis chaîne anglaise (8 m.) suivie d'un holubiec (8 m.).

Même figure pour la contre-partie (48 m.).

Aussitôt après la fin de l'holubiec par la contre-partie, tous les danseurs font le grand rond et l'holubiec de la première figure (24 m.).

Enfin, on termine le quadrille par une chaîne plate semblable à celle du quadrille des Lanciers (voir page 39) en faisant, toutefois, 16 mesures du pas de Basque; laquelle chaîne est suivie d'un holubiec dansé par tous les couples (8 m.).

On ne salue pas sa danseuse en faisant la chaîne plate dans le Quadrille-Mazurka.

La contre-partie fait de suite 96 mesures sans s'arrêter.

QUADRILLE-MAZURKA CROISÉ

Cette manière de danser le Quadrille-Mazurka est très-jolie s'il y a beaucoup de précision.

Quatre groupes seulement se placent en carré.

1re Figure.

Grand rond et holubiec semblables aux précédents.

Il faut, comme au Quadrille Français croisé, que la contre-partie commence la chaîne anglaise deux mesures après les premiers danseurs, et qu'elle conserve toujours cette distance.

Les couples 3 et 4 ne font qu'un quart d'holubiec à la fin de la figure.

2me Figure.

La contre-partie ne doit commencer cette figure que lorsque les premiers danseurs reviennent à leur place, c'est-à-dire quatre mesures après leur départ.

A la fin, la contre-partie supprime le demi-holubiec.

3me Figure.

Les quatre dames commencent en même temps, en décrivant un rond qu'elles finissent placées près les unes des autres, au milieu du quadrille. (C'est un moulinet en donnant les mains gauches.)

Toute cette figure est dansée par les quatre couples partant à la même mesure.

4me Figure.

Le couple 3 et le couple 1 partent ensemble en décrivant un cercle de droite à gauche et reviennent à leurs places où ils font l'holubiec. Ils vont, toujours en formant un peu le rond, prendre la dame vis-à-vis. Ils font les avant-trois en se dirigeant à la place l'un de l'autre, et pour revenir à leurs places respectives, ils se suivent encore, mais cette fois, en décrivant le cercle de gauche à droite comme le demi-rond de la seconde figure ; c'est-à-dire que le n° 1 marche devant, tandis qu'au commencement le n° 3 est en tête.

La contre-partie recommence les mêmes passages.

5me Figure.

Pour cette cinquième figure la contre-partie s'avance deux mesures après les danseurs 1 et 2 et continue ainsi jusqu'à l'holubiec de la chaîne anglaise dont elle ne fait que les trois quarts.

Tous les danseurs, sans s'arrêter, font le grand rond et finissent le quadrille en dansant les mêmes mesures et en même temps.

Chaque figure se fait une fois, excepté la quatrième que l'on danse deux fois.

Si cependant, en dansant ainsi, on trouve la deuxième et la troisième trop courtes, on les fait deux fois, mais sans repos.

QUADRILLE LYONNAIS

Il se danse par deux couples.

1re Figure. — PANTALON.

Les quatre danseurs s'avancent jusqu'au milieu du quadrille, reculent et traversent (8 m.). Ils font le même passage pour reprendre leurs places (8 m.).

Chaîne des dames (voir la première figure du QUADRILLE FRANÇAIS, page 9) (8 m.).

Galop (voir la même fig. du Q. F.).

Bien des danseurs font ce galop sur place : Le pied droit pivote constamment et le gauche tourne autour en allant en arrière.

Les dames glissent le pied droit en avant et le chassent toujours par le gauche, en décrivant un cercle autour de leurs danseurs.

2me Figure. — ÉTÉ.

Faire les seize premières mesures de la figure précédente.

Balancé : Les deux danseurs de chaque couple tournent autour l'un de l'autre en faisant différents petits tours sur eux-mêmes (8 m.).

Pour ce balancé on décrit la circonférence de gauche à droite et on tourne sur soi en effaçant l'épaule gauche.

3me Figure. — POULE.

Un cavalier et la dame vis-à-vis traversent à la place l'un de l'autre et reviennent à la leur (8 m.). Les cavaliers prennent leur danseuse par la taille avec le bras droit et font un galop pour changer de place (8 m.). Tous s'avancent jusqu'au milieu du quadrille et reculent (4 m.) ; ils attendent en repos la fin de la phrase, les cavaliers ayant le bras droit à la taille de la danseuse (4 m.), et reprennent leurs places en faisant un galop (8 m.).

Même figure pour les deux autres danseurs.

Chaque danseur commence deux fois la figure.

4me Figure. — PASTOURELLE.

Un couple s'avance mains droites en mains droites, recule, s'avance une deuxième fois, et la dame se place à gauche du vis-à-vis après que son danseur l'a fait tourner sur elle-même, l'épaule droite en avant. Le cavalier resté seul recule à sa place (8 m.).

Au lieu de prendre la danseuse par la main on fait, à volonté, un galop en tournant sur soi-même au milieu du quadrille, ou en avant et en arrière, pendant six mesures, à la fin desquelles on conduit la dame au vis-à-vis, et on recule à sa place.

Les trois danseurs, soit en se donnant le bras, soit en se tenant par la main, s'avancent et reculent une fois (8 m.). Le cavalier resté seul s'avance, recule, s'avance de nouveau (8 m.) pour faire un rond avec les trois danseurs qui lui font face. Tout le monde à sa place (8 m.).

Le couple vis-à-vis recommence. Ainsi de suite, chaque cavalier deux fois.

A la place du cavalier seul on peut faire un avant-trois. (Voir l'observation de la quatrième figure du QUADRILLE FRANÇAIS, page 13).

5me Figure. — FINALE.

On commence cette figure de différentes manières :

Par un galop semblable à celui de la première figure, ou par la chaîne des dames, ou par une promenade qui s'exécute : Le cavalier et sa danseuse se donnant le bras, passent, en marchant et en décrivant le même rond que le galop, à la place du couple vis-à-vis qui se tient de la même manière et fait le même passage en même temps. Ils marchent ainsi jusqu'à leur place. (Au lieu de passer à la place l'un de l'autre les cavaliers se donnent quelques fois le bras gauche et tournent au milieu du quadrille.)

La figure se commence encore par un moulinet, mais il faut que deux quadrilles s'unissent. Alors les cavaliers ayant le bras gauche de la dame à leur bras droit, font, en se donnant la main *gauche*, un tour entier de droite à gauche (voir le moulinet de la troisième figure du QUADRILLE DES LANCIERS, p. 28) (8 m.).

Les danseurs finissent tous ces passages à leurs places.

Puis on fait la deuxième figure (24 m.).

On danse deux fois la première figure et quatre fois toutes les autres. On termine la finale par un galop.

DANSES DE CARACTÈRE

Pour toutes les danses à deux personnes, le cavalier entoure la taille de sa danseuse avec le bras droit, et de sa main gauche il tient la main droite de cette dame. Il commence du pied gauche en faisant face au mur le plus près. La dame commence du pied droit.

Tous ces pas faits par deux danseurs, comme la polka, la schotisch, la valse, etc., se dansent sur place, en avant, en arrière, ou en tournant sur soi-même à droite ou à gauche.

Quant au grand cercle que l'on décrit, il se fait toujours de droite à gauche.

POLKA SUR PLACE

Cavalier.

Glisser le pied gauche de côté sans bouger le droit (1er temps).

Mettre, en sautant, le pied droit à la place du gauche, tenir celui-ci levé et la jambe tendue de côté (2me temps.)

Sauter sur le pied gauche à la place du droit et tenir celui-ci derrière, la pointe près de terre (3me temps).

Rester dans cette position la valeur d'un temps (4me temps).

Faire la même chose en commençant le glissé du pied droit.

POLKA EN AVANT

Glisser en face de soi en obliquant un peu à gauche, si le glissé est fait du pied gauche, et un peu à droite s'il est fait de l'autre pied (1er temps).

Mettre, en sautant, le dernier pied à la place du glissé, tenir levé le pied qui a fait ce glissé (2me temps).

Se jeter sur le pied qui est en l'air, à la place du 2me temps, ou plus ou moins en avant suivant que l'on veut plus ou moins courir (3me temps).

Et 4me temps — Repos.

Le pied resté levé est naturellement placé derrière l'autre, et, de cette position, glisse en avant pour recommencer un autre pas semblable au précédent.

POLKA EN ARRIÈRE

Glisser en arrière en obliquant un peu du côté du pied qui fait le 1er temps.

Mettre, en sautant, le dernier pied à la place de l'autre et tenir celui-ci levé (2me temps).

Se jeter sur le pied qui est en l'air à la place du 2me temps, ou plus ou moins en arrière, suivant l'espace que l'on veut franchir (3me temps).

Et le 4me temps est un repos.

Le pied resté levé est, contrairement à la polka faite en avant, naturellement placé devant celui qui est à terre, et, de cette position, glisse en arrière pour recommencer un autre pas semblable.

POLKA EN TOURNANT

Cavalier.

Glisser le pied gauche de côté sans bouger le droit (1er temps).

Sauter sur le pied droit en levant le gauche, très-près de la place que ce pied gauche occupait entre cette place et la danseuse. Au moment où l'on saute le corps tourne un peu (2me temps).

Sauter sur le pied gauche dans la direction du mur, de manière à franchir autant d'espace dans ce dernier temps que dans le glissé du 1er temps. Le corps doit, comme au temps précédent, tourner pendant qu'il est en l'air, pour faire face du côté opposé au point de départ (3me temps).

La jambe droite ayant le pied levé reste tendue en avant pendant le 4me temps qui est un repos [1re mesure].

Glisser le pied droit sans bouger le gauche, à quelques centimètres derrière ce dernier pied, sur la ligne que l'on veut suivre (1er temps).

Sauter sur le pied gauche à la place du droit en tenant celui-ci levé, la jambe un peu tendue de côté et en tournant un peu (2me temps).

Sauter sur le pied droit à la place du gauche qui reste levé, derrière celui qui est à terre (3me temps). Après avoir fait ce 3me temps, on doit se trouver placé comme au point de départ, c'est-à-dire faisant face au mur.

Le pied gauche reste levé derrière le droit pendant le 4me temps qui est un repos [2me mesure].

La dame glisse, en commençant, le pied droit de côté, à une très-petite distance du gauche, sur lequel elle se repose (1er temps), saute sur ce pied gauche à la place du glissé (2me temps) et saute sur le droit à la place du pied gauche (3me temps). Repos d'un temps (4me temps).

Après avoir commencé ainsi, la danseuse fait la première mesure du cavalier. Puis elle glisse son pied droit en arrière à la mesure suivante, exactement comme le danseur.

La polka en tournant se fait également sans sauter. Dans ce cas, on place les pieds comme à la première valse décrite ci-après, en commençant par le 5me temps, et en ayant soin de laisser passer un temps en repos à la fin de chaque mesure.

POLKA TOURNÉE A REBOURS

Le pied droit fait en sens inverse ce que fait le pied gauche dans le sens ordinaire, et *vice versâ.*

POLKA PIQUÉE

Poser le talon gauche à terre, puis la pointe, en cadençant chaque fois sur le pied droit (1re mesure).

Faire une mesure de polka ordinaire en commençant du pied gauche (2me mesure).

Même pas de l'autre pied.

Dans toutes ces manières de polker il y a des danseurs qui, à chaque glissé que fait un pied, sautent sur l'autre en même temps. Sauf cependant à la polka faite avec le pas de la valse en trois temps.

Je conseille de faire sauter le corps en glissant, pourvu que la pointe du pied qui enlève, ne se détache pas de terre, ce qui donne un mouvement bien doux.

POLKA-MAZURKA

Glisser le pied gauche de côté sans bouger le droit ou en sautant sur la pointe du droit, comme il est dit plus haut (1er temps).

Mettre, en sautant, le pied droit à la place du gauche, tenir celui-ci levé et la jambe tendue de côté (2me temps).

Sauter une seconde fois sur le pied droit à la même place, en mettant le pied gauche derrière, la pointe près de terre (3me temps).

Glisser le pied gauche de côté (4me temps).

Sauter sur le pied droit en levant le gauche, devant la place que ce pied gauche occupait comme au 2me temps de la polka en tournant (5me temps).

Sauter sur le pied gauche dans la direction du mur, encore de la même manière que le 3me temps de la polka tournée (6me temps).

Recommencer le pas en glissant le pied droit en arrière, si le mouvement de la polka est vif, car ce pied reste placé devant le gauche au 6me temps. Mais, si le mouvement est lent, on porte le pied droit derrière le gauche, et c'est de cette position que l'on glisse de côté, à une distance un peu moindre que les glissés faits du pied gauche (1er temps).

Sauter sur le pied gauche à la place du droit qui reste levé, la jambe tendue de côté (2me temps).

Sauter une seconde fois sur le pied gauche à la même place, en mettant le pied droit derrière, la pointe près de terre (3me temps).

Glisser le pied droit de côté à quelques centimètres du gauche (4me temps).

Sauter sur le pied gauche à la place du

droit en tenant celui-ci levé, la jambe un peu tendue de côté et en tournant un peu (5me temps).

Tourner encore un peu en sautant sur le pied droit à la place du gauche qui reste levé, derrière celui qui est à terre (6me temps).

Après avoir exécuté ce 6me temps, on doit faire face au mur.

D'après ce que j'ai dit pour la polka sur place, il est facile de voir comment se fait la polka-mazurka, également sur place.

—

Manière de danser la Polka-Mazurka en faisant décrire des demi-cercles à la danseuse de droite à gauche et vice versâ.

Faire les trois premiers temps de la polka-mazurka tournée.

Puis glisser le pied gauche de côté à quelques centimètres du droit (4me temps).

Sauter sur le pied droit à la place du gauche en tenant celui-ci levé, la jambe un peu tendue de côté et en tournant un peu de droite à gauche (5me temps).

Sauter sur le pied gauche à la place du droit qui reste levé, derrière celui qui est à terre, en tournant encore un peu (6me temps).

Après avoir fait ce 6me temps on doit avoir le dos tourné au mur auquel on faisait face avant de commencer.

Faire le même pas en commençant du pied droit, et à la fin de ce dernier pas on fait face au mur.

Si l'on veut, en dansant la polka-mazurka, sortir vivement d'un point quelconque, soit parce qu'il y a foule, ou tout autre cas, on glisse vivement et sans tourner, cinq fois de suite le même pied qui est chassé par l'autre. Le 6me temps se fait en tournant et en sautant sur le dernier pied à la place du glissé. Puis, pour recommencer le pas du pied contraire, on chasse celui qui est à terre, en tournant le 1er temps, seulement, par le pied levé qui était lui-même chassé au premier pas.

—

Variante de la Polka-Mazurka.

Avant de commencer on fait face au mur le plus près de soi, l'épaule gauche un peu plus rapprochée que la droite. Dans cette position :

Glisser le pied gauche dans la direction du mur, devant le pied droit de la danseuse, en tournant un peu, de manière à faire face du côté opposé où l'on va (1er temps).

Glisser le droit en arrière en obliquant un peu à droite du pied gauche et sans tourner (2me temps).

Glisser le gauche également en arrière, en obliquant un peu à gauche du pied droit et aussi sans tourner (3me temps).

Glisser le pied droit bien en arrière du gauche et très-près de celui-ci en tournant (4me temps).

Glisser le pied gauche un peu en avant en dirigeant la pointe du côté où l'on va (5me temps).

Placer le talon du pied droit en glissant la pointe en arrière, près de la pointe du pied gauche, entre ce pied et la danseuse (6me temps).

A la fin de ce 6me temps on fait face au mur et l'on recommence les pas suivants du même pied.

La danseuse se reposant sur le pied gauche, tourne le droit sur place en présentant la pointe où elle se dirige (1er temps.)

Son pied gauche glisse en avant, suivant le pied droit du danseur, qui recule (2me temps).

Le pied droit glisse encore en avant, la pointe tournée en dehors (3me temps).

Le 4me temps est fait avec le pied gauche en glissant toujours en avant et en tournant (4me temps).

Puis elle glisse le pied droit en arrière en tournant encore (5me temps).

Et elle finit le pas en pivotant sur la pointe du pied gauche (6me temps).

LA LYONNAISE

Par Alexandre.

Se reposer sur la jambe gauche.

Sauter sur le pied droit à la place du gauche qui glisse de côté en même temps (1er temps).

Sauter sur le même pied encore à la place

du gauche qui, cette fois, est levé, la jambe tendue de côté (2me temps).

Sauter sur le pied levé à la place du droit qui reste en l'air du côté opposé (3me temps).

Chasser le pied gauche comme au premier temps (4me temps).

Le chasser une seconde fois (5me temps).

Puis sauter, en tournant, sur le pied droit à la place du pied glissé qui se lève en même temps et reste en l'air (6me et dernier temps).

Le pas de l'autre pied est fait de la même manière.

Après avoir commencé la danse, on tourne à tous les 6mes et 1ers temps.

SCHOTISCH SAUTÉE

Faire les trois premiers temps de la polka tournée (voir page 60).

Puis au lieu de laisser le pied droit en avant au quatrième temps, on le tient levé derrière le gauche qui saute une seconde fois, mais à la même place et en tournant un peu. Dans cette position on a le dos tourné au mur (4me temps et 1re mesure).

Glisser le pied droit de côté, à quelques centimètres du gauche (1er temps).

Sauter sur le gauche à la place du droit en tenant celui-ci levé, la jambe tendue de côté et en tournant (2me temps).

Tourner encore un peu en sautant sur le pied droit à la place du gauche qui reste levé, derrière celui qui est à terre (3me temps).

Sauter sur le même pied droit en faisant face au mur le plus près, le pied gauche étant toujours placé derrière et levé (4me temps et 2me mesure).

Sauter sur le pied gauche dans la direction que l'on veut suivre, deux fois de suite, en faisant un demi-tour (1er et 2me temps).

Sauter sur le pied droit, toujours dans la direction que l'on suit, mais très-près du gauche, deux fois de suite, en faisant également un demi-tour (3me et 4me temps et 3me mesure).

Faire une quatrième mesure semblable à la troisième.

Dans ce pas de schotisch on fait donc un tour sur soi dans les deux premières mesures et deux tours dans les deux dernières.

On peut, à volonté, ne faire qu'un tour sur soi-même dans les deux dernières mesures, mais alors on revient d'où l'on est parti au commencement de ces deux mesures, tandis qu'en faisant deux tours on avance toujours un peu.

La description qui vient d'être faite est pour danser dans le sens ordinaire, c'est-à-dire à droite.

Si l'on veut aller à gauche le mouvement des pieds doit être interverti : Le pied droit fait, en sens inverse, ce que le gauche fait dans l'autre sens.

Lorsque la musique est vive, on supprime (comme dans la polka ordinaire) le quatrième temps de la première mesure. Dans ce cas, on saute toujours sur le pied gauche quand on commence le glissé de la seconde mesure. On supprime également le seizième temps, en observant ce qui vient d'être dit.

SCHOTISCH GALOP

Les huit sautés finissant le pas de la schotisch précédente sont remplacés par deux mesures de la valse-galop (voir page 79). Quant aux deux premières mesures, elles ne sont pas changées.

SCHOTISCH VALSÉE

En trois temps.

Le cavalier fait du pied gauche, une mesure de polka sans sauter, puis les deux premiers temps de la seconde mesure et quinze temps de valse (voir page 75) qu'il commence du pied droit.

La dame exécute le même pas en partant du pied contraire.

Si l'on veut faire la Valse Russe (voir page 76) à la place de la précédente, on danse la polka en sautant pendant une mesure et demie et l'on valse ensuite.

SCHOTISCH GLISSÉE

Faire deux mesures de la polka en commençant du pied gauche.

Glisser le pied gauche de côté (9me temps).

Sauter sur le pied droit à la place du gauche qui glisse de côté, plus ou moins lentement, suivant la musique (10me et 11me temps).

Faire deux autres temps semblables à ces derniers (12me et 13me temps).

Puis sauter sur le pied droit devant le pied gauche, comme au deuxième temps de la polka (14me temps).

Et sauter sur le pied gauche dans la direction du mur, en tournant (15me temps).

Repos pour le 16me temps.

On commence le second pas de cette schotisch du pied droit qui est levé et placé devant le gauche, en faisant encore deux mesures de polka ; puis, on continue par des glissés semblables à ceux faits du pied gauche; et l'on termine par deux sautés en tournant sur place.

Le 16me temps est un repos.

Nous avons vu que des danseurs sautaient sur un pied en glissant l'autre au 1er temps de polka. On peut faire la même chose dans la schotisch.

Il y a encore des danseurs qui font, dans

la schotisch glissée, les premières mesures du pas de la schotisch sautée, c'est-à-dire qu'au lieu d'avoir un repos au 4me temps de la polka, on saute une seconde fois sur le pied qui fait le 3me temps.

La danseuse fait le même pas en commençant du pied droit.

SCHOTISCH NOUVELLE

Cavalier.

Faire deux mesures de polka en commençant du pied gauche et en ayant soin de faire face où l'on veut aller, à la fin de la 2me mesure.

Faire un glissé du pied gauche en avant, légèrement de côté; un autre du droit toujours en avant et un peu de côté (3me mesure). Puis faire la 4me mesure en exécutant un pas de polka commençant du pied gauche (4me et dernière mesure).

Le pas de schotisch est fini partant du pied gauche. Le second pas est commencé du droit par deux mesures de polka, après lesquelles le cavalier fait deux glissés (d'une mesure) en arrière, et termine par une mesure de polka.

On ne saute pas en exécutant cette danse.

VALSE

En trois ou six temps.

Se placer en face du mur le plus près de soi, l'épaule gauche un peu plus rapprochée que la droite.

Glisser le pied gauche dans la direction du mur, de manière que la pointe soit un peu plus éloignée que le talon du point où l'on se dirige (1er temps).

Glisser la pointe du pied droit derrière et près le talon gauche (2me temps).

Tourner le pied gauche en pivotant sur la pointe (3me temps).

Placer le pied droit parallèlement à la ligne que l'on suit en pivotant encore sur la pointe (4me temps).

Glisser le pied gauche en avant, à 20 centimètres environ de la ligne du pied droit (5me temps).

Approcher le talon du pied droit, en glissant la pointe en arrière, près de la pointe du pied gauche, entre ce pied et la danseuse (6me temps).

La dame commence par le 4me temps du cavalier, puis fait le même pas que le sien.

On fait la valse à rebours en intervertissant le mouvement des pieds.

On la fait également comme ceci :

Le 1er et le 2me temps sont semblables à ceux de la valse précédente.

Au 3me on tourne sur les pointes en faisant un changement de pieds.

Au 4me on avance légèrement le pied droit dans la direction que l'on suit.

Le 5me temps est fait de la même manière que celui de la première valse.

Et au 6me temps on se lève encore sur la pointe des pieds en approchant le talon droit de la pointe du pied gauche qui tourne un peu en même temps.

VALSE RUSSE

Se reposer sur le pied droit en faisant face au mur.

Sauter, en tournant, sur le pied gauche dans la direction du mur, devant le pied de la danseuse, et glisser le droit derrière aussitôt après (1er et 2me temps).

Se reposer sur ce dernier pied qui jette le danseur sur le gauche, à la même place que celui-ci occupait, toujours en tournant (3me temps).

Sauter sur le pied droit en présentant la pointe où l'on va, et glisser la pointe du gauche en avant aussitôt après (4me et 5me temps).

Sauter sur le pied droit devant le gauche en faisant face au point de départ (6me et dernier temps).

Pour faciliter le départ on se balance un peu avant de valser en commençant sur le pied gauche aux mesures impaires, c'est-à-dire à la 1re ou 3me, ou 5me ou 7me. Les dames font leur 1er temps à toutes les mesures paires, du pied droit.

On commence encore la valse en marchant et chaque fois que les danseurs posent un pied à terre les musiciens jouent une mesure.

Le cavalier ayant le bras droit à la ceinture

de sa dame marche de front avec elle. Les mêmes pieds s'avancent en même temps, et quand le danseur veut valser, il pose le pied droit en avant (1er temps); il lève le gauche (2me temps) et il saute sur le pied droit, en tournant, à la fin de la mesure paire. Puis il fait le premier temps du pied gauche en continuant de tourner.

La danseuse, au moment où elle sent que son cavalier s'arrête sur le pied droit au premier temps, s'arrête également. Elle lève le pied gauche encore en même temps, et, au lieu de sauter sur le pied droit comme le danseur, elle se jette sur le gauche en arrière de son pied droit qui est levé au 3me temps, puis, commence son premier pas en valsant.

Cette même préparation de pas peut être faite sans marcher : On se repose sur le pied gauche en faisant face du même côté qu'en marchant et l'on place son pied droit à terre au 1er temps de la mesure paire, on lève le pied gauche au 2me temps, etc.

La dame n'a pas, ici, à faire de changement de pied, par la raison que l'on ne marche pas.

VALSE GALOP

Sauter sur le pied droit en glissant le gauche en même temps ; chasser le gauche (1re mesure).

Sauter sur ce dernier pied en glissant le droit, et chasser celui-ci (2me mesure).

Pour faire un tour sur soi-même dans les deux mesures, on tourne sur tous les temps.

VALSE SAUTEUSE

Se reposer sur le pied droit.

Sauter deux fois de suite sur le pied gauche dans la direction qu'on veut suivre, en faisant un demi-tour, et devant le pied droit de la danseuse.

Finir le tour sur soi-même en sautant deux fois de suite sur l'autre pied, toujours sur la ligne qu'on suit, mais très-près de la place qu'occupait le gauche.

La même musique sert pour toutes ces valses.

QUADRILLE FRANÇAIS

DESCRIPTION ABRÉGÉE.

		Mesures
PANTALON	Chaîne anglaise.	8
	Salut.	8
	Chaîne des dames.	8
	Galop.	8
ÉTÉ	Avant-deux.	20
	Salut.	4
POULE	Se placer au milieu du quadrille sur une ligne.	8
	Balancer et changer de place.	8
	Deux avant-deux.	8
	Un avant-quatre et une demi-chaîne anglaise.	8
PASTOURELLE	Conduire sa dame au vis-à-vis.	8
	Deux avant-trois.	8
	Cavalier seul.	8
	Rond.	8
FINALE	Galop.	8
	Avant-quatre et changer de dame et de place.	8
	Chaîne des dames.	8
	Avant-quatre et changer de dame et de place.	8

QUADRILLE DES LANCIERS

DESCRIPTION ABRÉGÉE.

		Mesures
TIROIRS	Avant-deux et tour de mains. .	8
	Tiroirs.	8
	Salut et tour de mains. . . .	8
LIGNES	Avant-deux (un couple) et conduire la dame devant soi. .	8
	Chassé-croisé.	8
	Avant-huit et tour de mains. .	8
MOULINET	Avant-deux et Salut. . . .	8
	Moulinet.	8
VISITES	Saluts à droite et à gauche. . .	8
	Chassé-croisé et reprendre sa place.	8
	Chaîne anglaise.	8
LANCIERS	Grande chaîne (ou chaîne plate).	16
	Se placer les uns derrière les autres.	8
	Chassés-croisés et Balancés. .	8
	Promenade.	8
	Avant-huit et tour de mains gauches.	8

QUADRILLE-MAZURKA

DESCRIPTION ABRÉGÉE.

		Mesures
1re FIGURE	Grand rond.	16
	Holubiec	8
	Chaîne anglaise.	8
	Changer de dame et demi-holubiec	8
	Chaîne anglaise.	8
	Changer de dame et demi-holubiec	8
2e FIGURE	Avant-quatre.	8
	Changer de place par un demi-rond, et demi-holubiec. . .	8
	Avant-quatre.	8
	Reprendre sa place par un demi-rond, et demi-holubiec. . .	8
3e FIGURE	Promenade des dames.	8
	Changer de plaee et demi-holubiec	8
	Moulinet.	8
	Promenade des dames.	8
	Changer de place et demi-holubiec	8

		Mesures
4e FIGURE	(Un groupe) Avant-deux. . . .	8
	Holubiec	8
	Prendre la dame du vis-à-vis. .	8
	Avant-trois.	8
	Rond et reprendre sa place. .	8
	Holubiec.	8
5e FIGURE	Demi-chaîne anglaise et demi-holubiec.	8
	(*Bis*).	8
	Demi-rond et demi-holubiec. .	8
	(*Bis*).	8
	Chaîne anglaise.	8
	Holubiec.	8
	Grand rond.	16
	Holubiec.	8
	Grande chaîne plate.	16
	Holubiec.	8

QUADRILLE DU PRINCE IMPÉRIAL

DESCRIPTION ABRÉGÉE.

		Mesures
CHAINE CONTINUE DES DAMES	Saluts à droite.	8
	Chaîne des dames.	8
	Saluts à droite.	8
	Chaîne des dames.	8
NOUVELLE TRÉNIS	Tours de mains droites et gauches	8
	Avant-quatre et demi-chaîne des dames.	8
	Chassé-croisé huit.	8
LA CORBEILLE	Conduire les dames au milieu du quadrille.	16
	Rond et l'agrandir.	8
	Balancé et tour de mains. . .	8
DOUBLE PASTOURELLE	Avant-quatre et conduire à droite	8
	Deux avant-six.	8
	Avant-deux et salut.	8
	Rond et demi-chaîne anglaise. .	8
TOURBILLON	Tourbillon.	16
	Avant-deux et tour de mains. .	8
	Chassé-croisé et tour de mains.	8

QUADRILLE LYONNAIS

DESCRIPTION ABRÉGÉE.

		Mesures
PANTALON	Avant-quatre.	16
	Chaîne des dames.	8
	Galop.	8
ÉTÉ	Avant-quatre.	16
	Balancé.	8
POULE	Avant-deux.	8
	Changer de place par un galop.	8
	Avant-quatre — Repos.	8
	Reprendre sa place par un galop.	8
PASTOURELLE	Conduire sa dame au vis-à-vis.	8
	Avant-trois.	8
	Cavalier seul.	8
	Rond.	8
FINALE	Galop.	8
	Avant-quatre.	16
	Balancé.	8

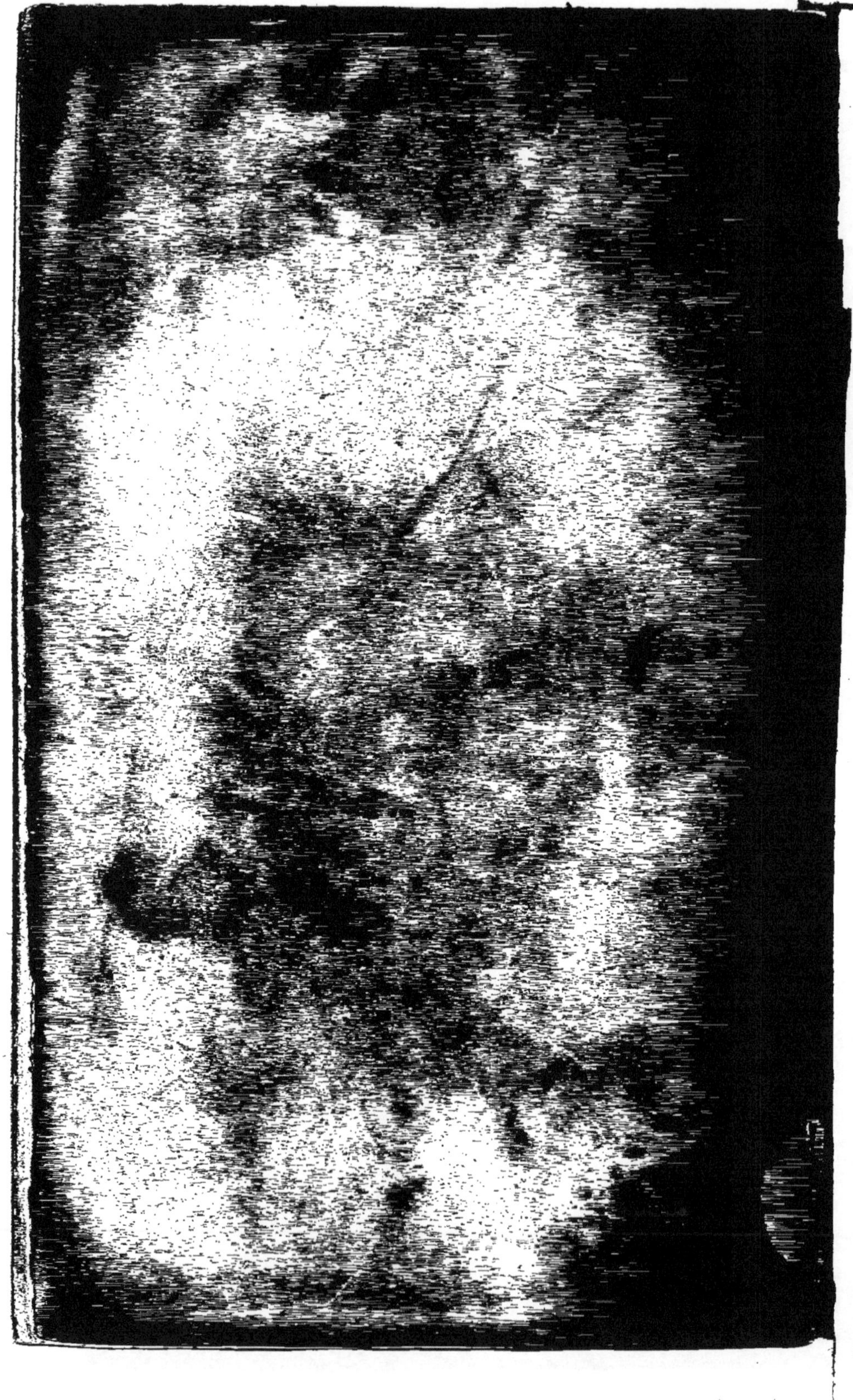